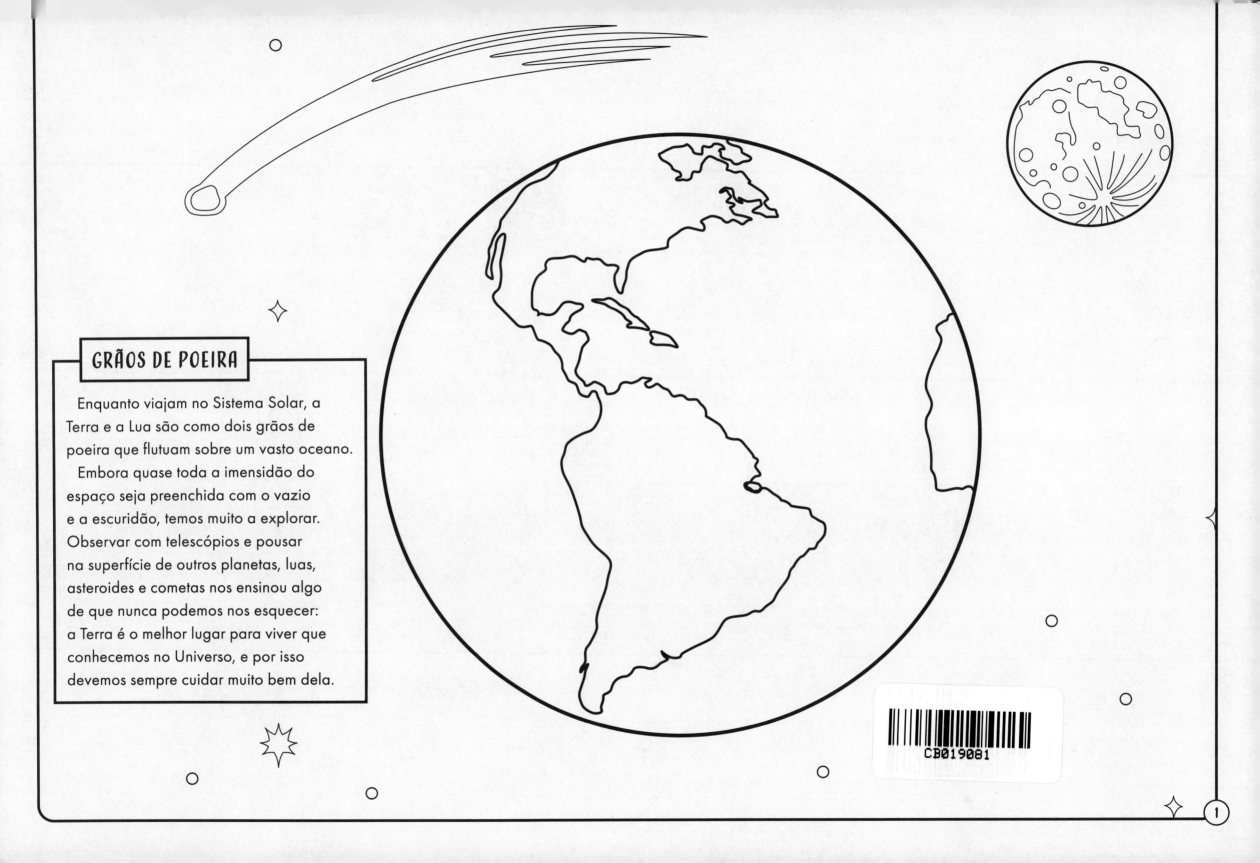

GRÃOS DE POEIRA

Enquanto viajam no Sistema Solar, a Terra e a Lua são como dois grãos de poeira que flutuam sobre um vasto oceano. Embora quase toda a imensidão do espaço seja preenchida com o vazio e a escuridão, temos muito a explorar. Observar com telescópios e pousar na superfície de outros planetas, luas, asteroides e cometas nos ensinou algo de que nunca podemos nos esquecer: a Terra é o melhor lugar para viver que conhecemos no Universo, e por isso devemos sempre cuidar muito bem dela.

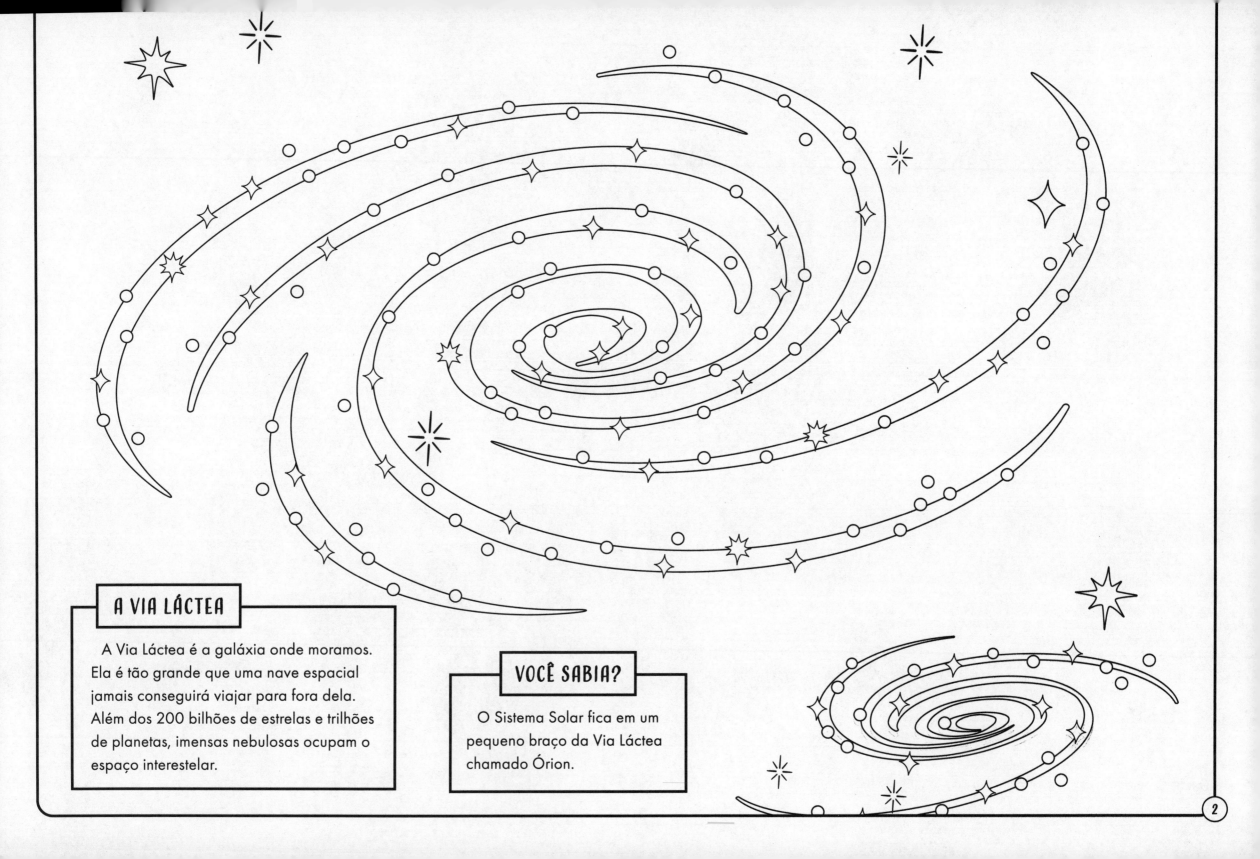

A VIA LÁCTEA

A Via Láctea é a galáxia onde moramos. Ela é tão grande que uma nave espacial jamais conseguirá viajar para fora dela. Além dos 200 bilhões de estrelas e trilhões de planetas, imensas nebulosas ocupam o espaço interestelar.

VOCÊ SABIA?

O Sistema Solar fica em um pequeno braço da Via Láctea chamado Órion.

A ORIGEM EM UMA NEBULOSA

O Sol, os planetas, as luas, os asteroides e os cometas que conhecemos nasceram de uma imensa nebulosa que existia na Via Láctea há 5 bilhões de anos. Nebulosas são nuvens de poeira e gases que sobraram da explosão de grandes estrelas.

VOCÊ SABIA?

Os cientistas dizem que "somos poeira das estrelas" porque tudo o que conhecemos nasceu de uma grande nebulosa.

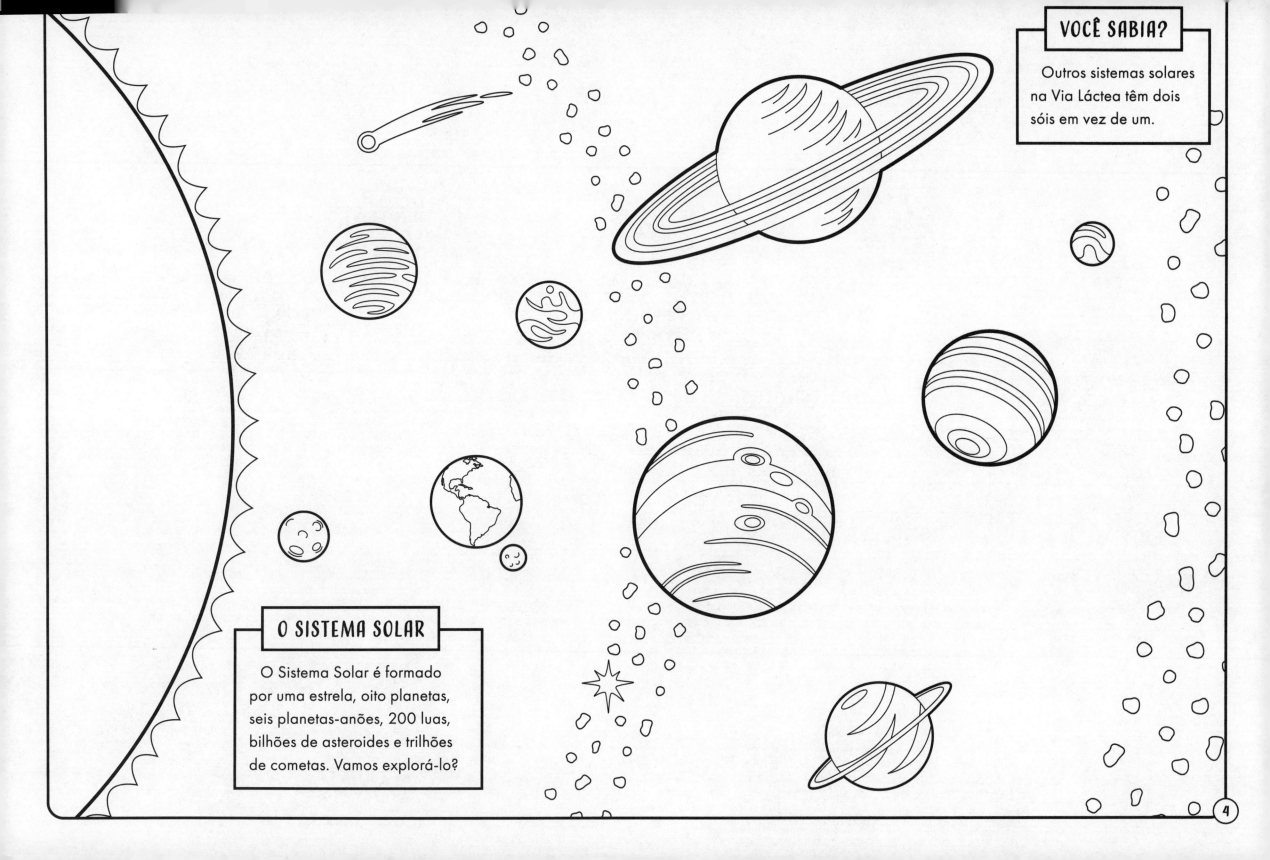

VOCÊ SABIA?

Outros sistemas solares na Via Láctea têm dois sóis em vez de um.

O SISTEMA SOLAR

O Sistema Solar é formado por uma estrela, oito planetas, seis planetas-anões, 200 luas, bilhões de asteroides e trilhões de cometas. Vamos explorá-lo?

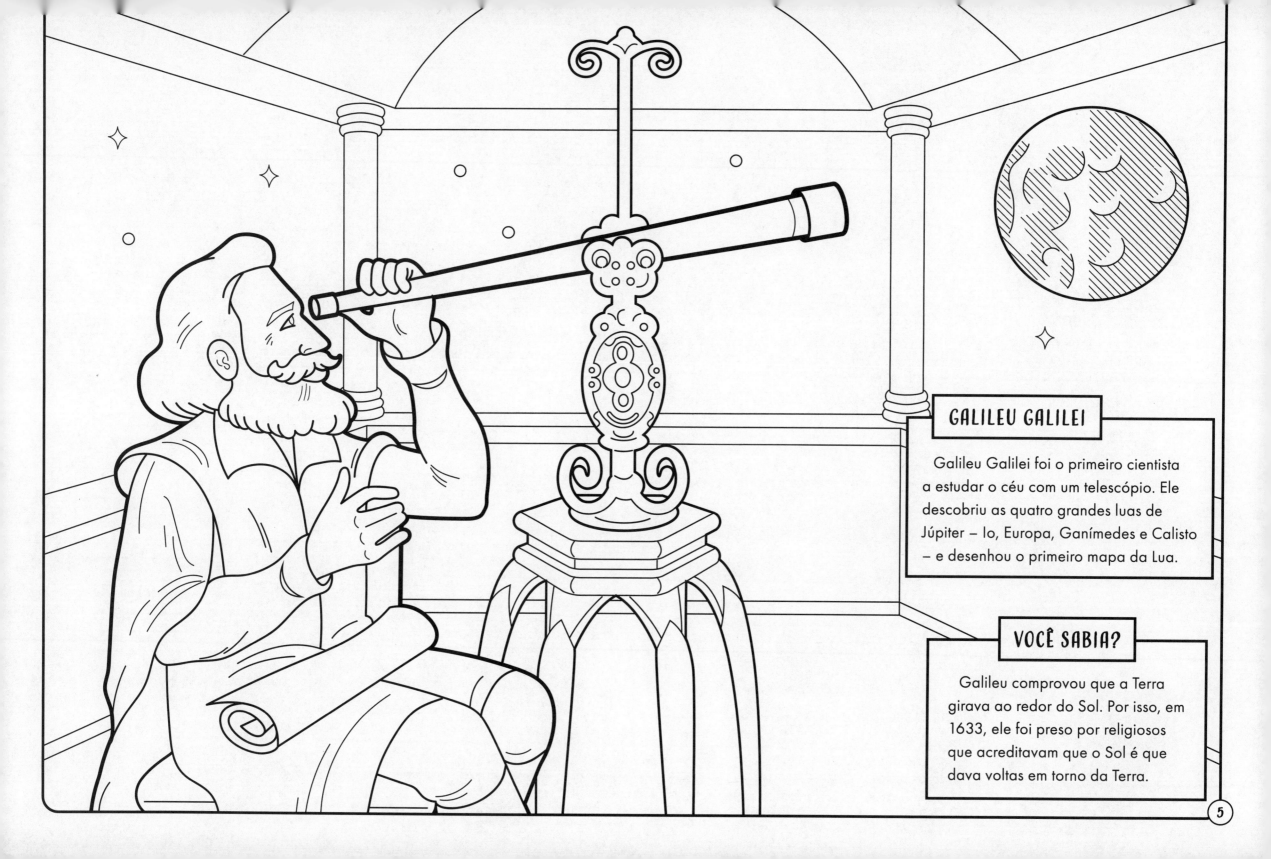

GALILEU GALILEI

Galileu Galilei foi o primeiro cientista a estudar o céu com um telescópio. Ele descobriu as quatro grandes luas de Júpiter – Io, Europa, Ganímedes e Calisto – e desenhou o primeiro mapa da Lua.

VOCÊ SABIA?

Galileu comprovou que a Terra girava ao redor do Sol. Por isso, em 1633, ele foi preso por religiosos que acreditavam que o Sol é que dava voltas em torno da Terra.

SPUTNIK 2

A cachorrinha vira-lata Laika foi o primeiro animal a chegar ao espaço. Ela viajou ao redor da Terra por quase cinco meses. Os cientistas sabiam que Laika não sobreviveria tanto tempo no espaço e que ela morreria antes mesmo que sua nave voltasse para a Terra.

VOCÊ SABIA?

As baterias da nave da cachorrinha astronauta duraram apenas uma semana. Esse foi um importante experimento para que o primeiro homem logo pudesse viajar para o espaço.

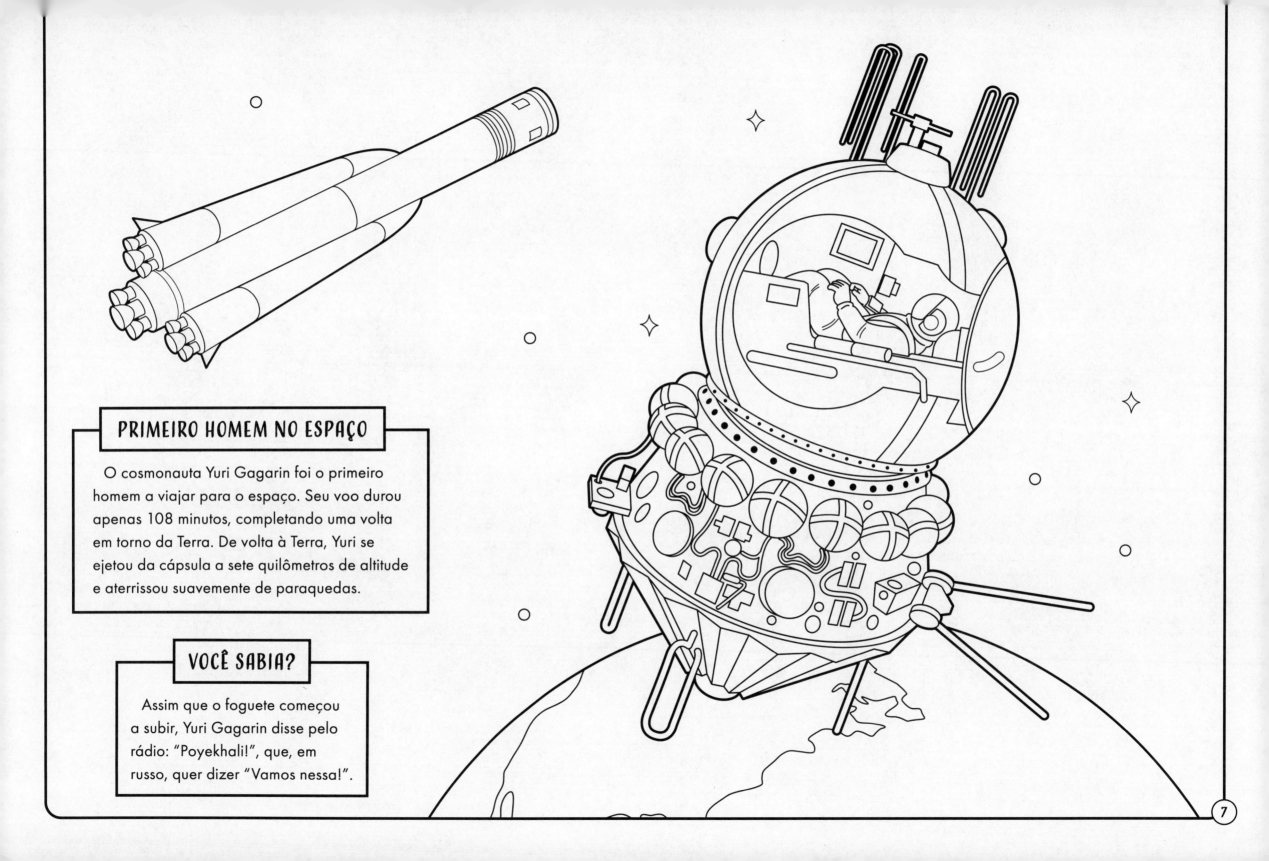

PRIMEIRO HOMEM NO ESPAÇO

O cosmonauta Yuri Gagarin foi o primeiro homem a viajar para o espaço. Seu voo durou apenas 108 minutos, completando uma volta em torno da Terra. De volta à Terra, Yuri se ejetou da cápsula a sete quilômetros de altitude e aterrissou suavemente de paraquedas.

VOCÊ SABIA?

Assim que o foguete começou a subir, Yuri Gagarin disse pelo rádio: "Poyekhali!", que, em russo, quer dizer "Vamos nessa!".

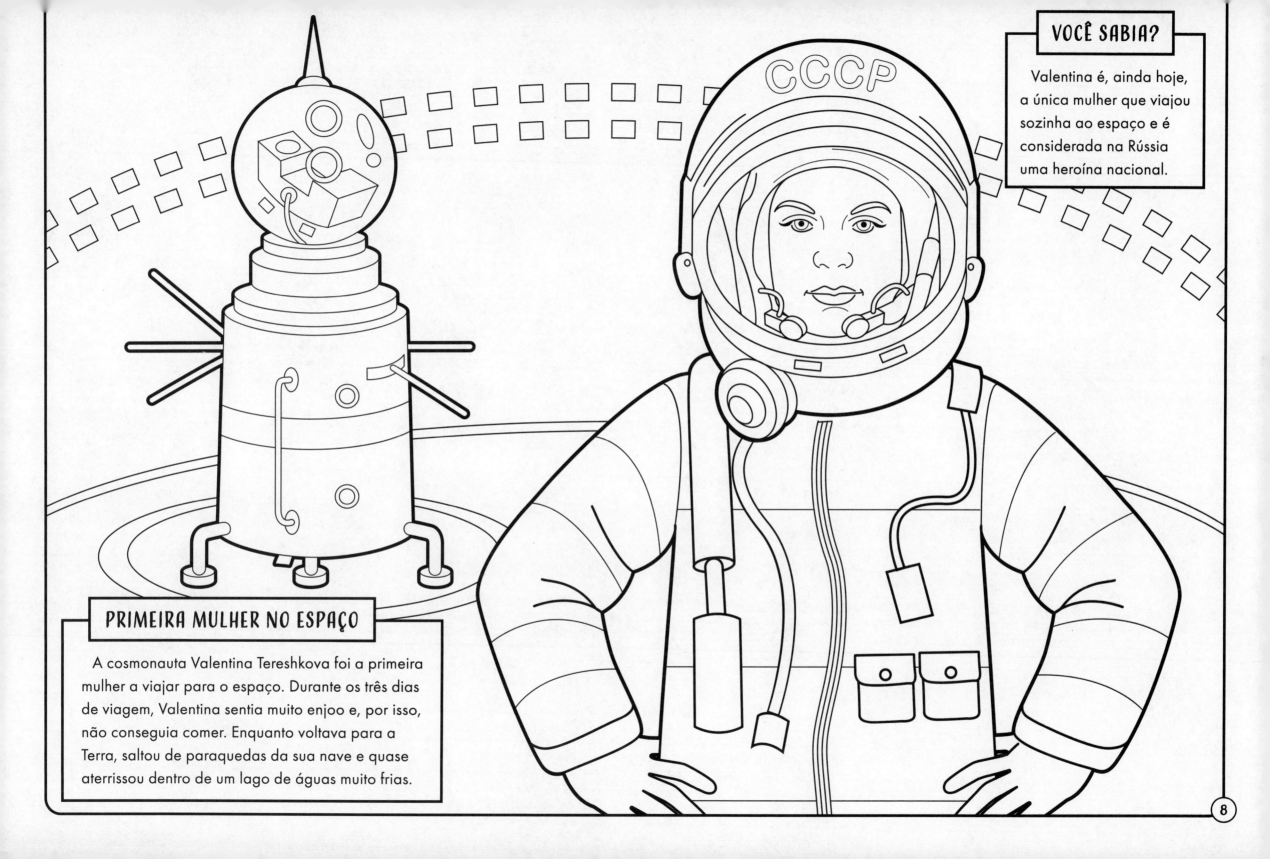

VOCÊ SABIA?

Valentina é, ainda hoje, a única mulher que viajou sozinha ao espaço e é considerada na Rússia uma heroína nacional.

PRIMEIRA MULHER NO ESPAÇO

A cosmonauta Valentina Tereshkova foi a primeira mulher a viajar para o espaço. Durante os três dias de viagem, Valentina sentia muito enjoo e, por isso, não conseguia comer. Enquanto voltava para a Terra, saltou de paraquedas da sua nave e quase aterrissou dentro de um lago de águas muito frias.

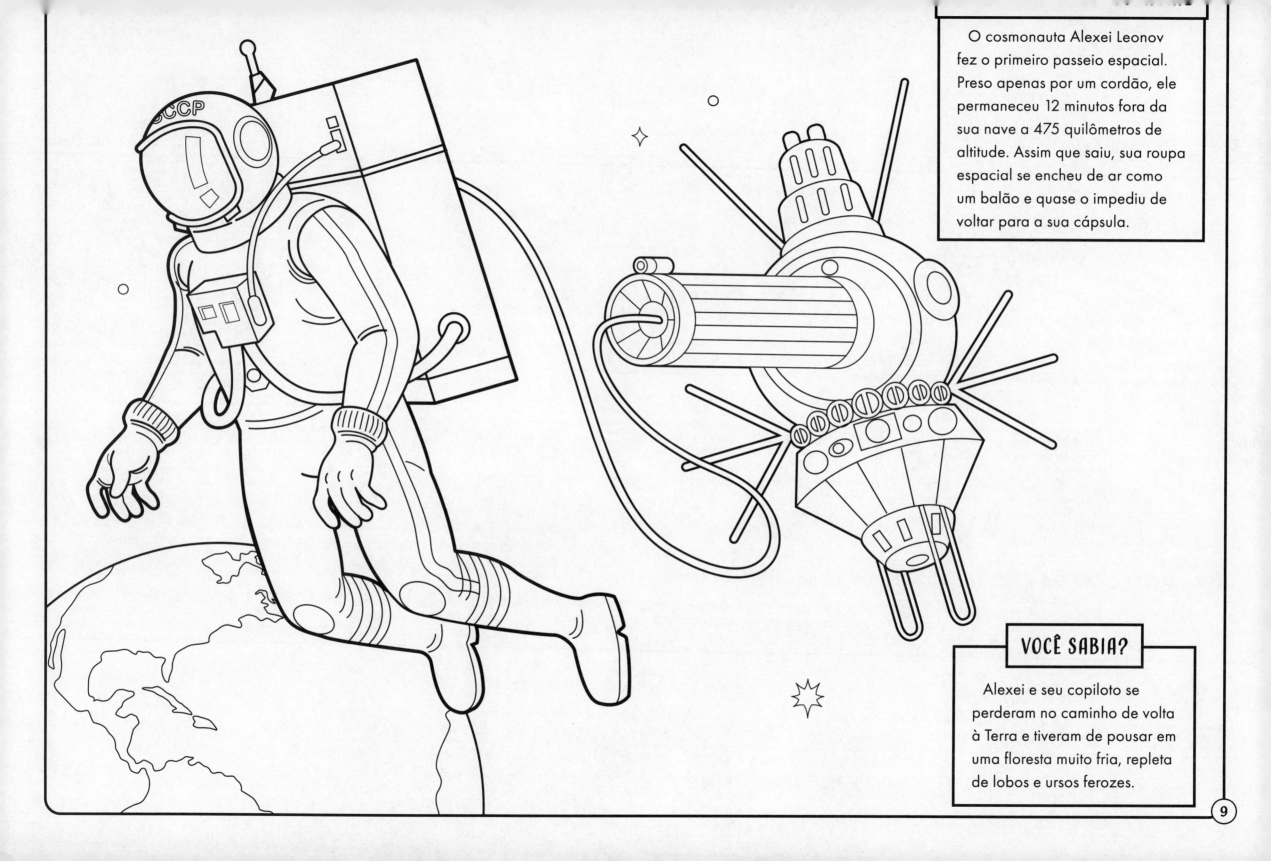

O cosmonauta Alexei Leonov fez o primeiro passeio espacial. Preso apenas por um cordão, ele permaneceu 12 minutos fora da sua nave a 475 quilômetros de altitude. Assim que saiu, sua roupa espacial se encheu de ar como um balão e quase o impediu de voltar para a sua cápsula.

VOCÊ SABIA?

Alexei e seu copiloto se perderam no caminho de volta à Terra e tiveram de pousar em uma floresta muito fria, repleta de lobos e ursos ferozes.

A LUA

A Lua é o astro mais próximo da Terra. Ela se formou bilhões de anos atrás, quando um pequeno planeta se chocou com a Terra. Com o impacto, toda a rocha lançada ao espaço se juntou e deu origem à Lua.

VOCÊ SABIA?

A Lua está a 390 mil quilômetros de distância da Terra. Se fosse possível uma caminhada até a Lua, gastaríamos quase 9 anos para chegar, sem paradas para descansar.

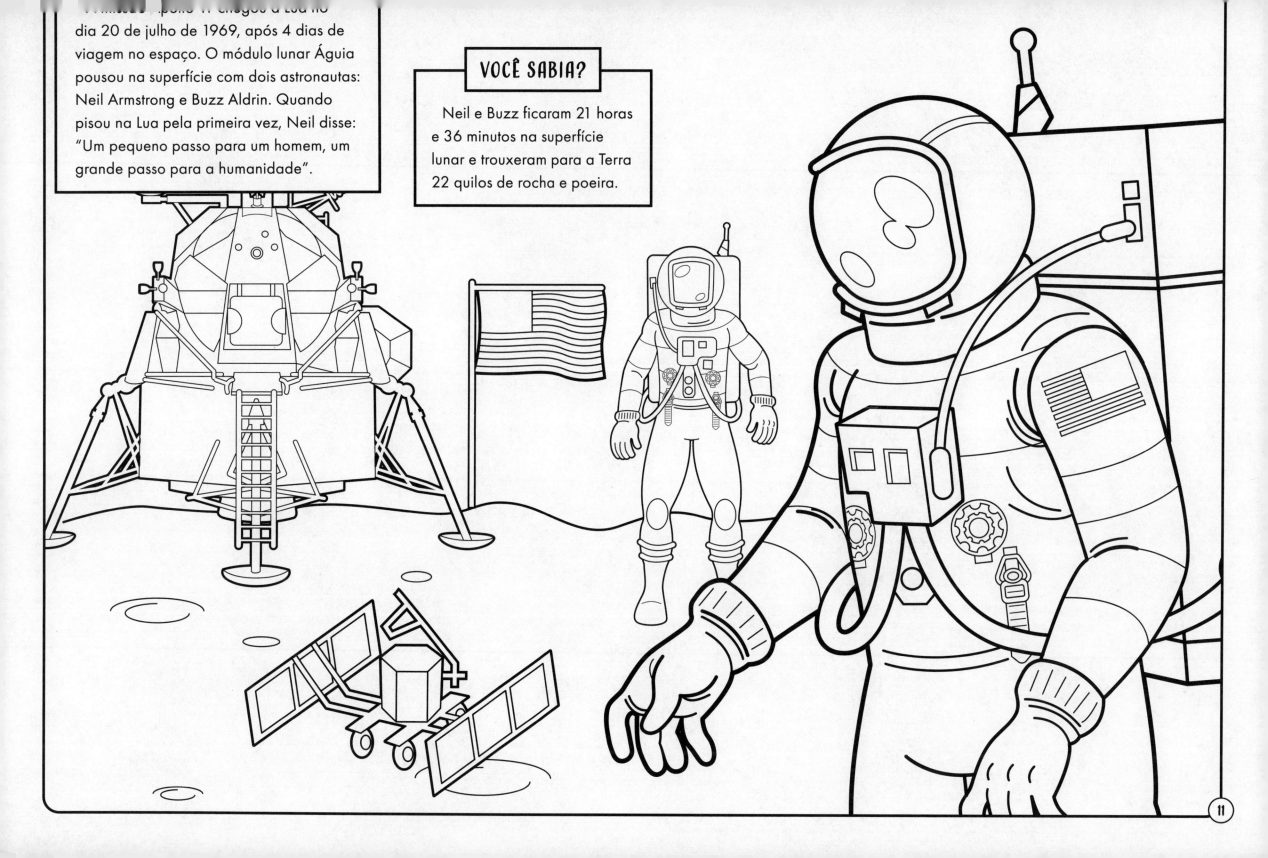

A missão Apollo 11 chegou à Lua no dia 20 de julho de 1969, após 4 dias de viagem no espaço. O módulo lunar Águia pousou na superfície com dois astronautas: Neil Armstrong e Buzz Aldrin. Quando pisou na Lua pela primeira vez, Neil disse: "Um pequeno passo para um homem, um grande passo para a humanidade".

VOCÊ SABIA?

Neil e Buzz ficaram 21 horas e 36 minutos na superfície lunar e trouxeram para a Terra 22 quilos de rocha e poeira.

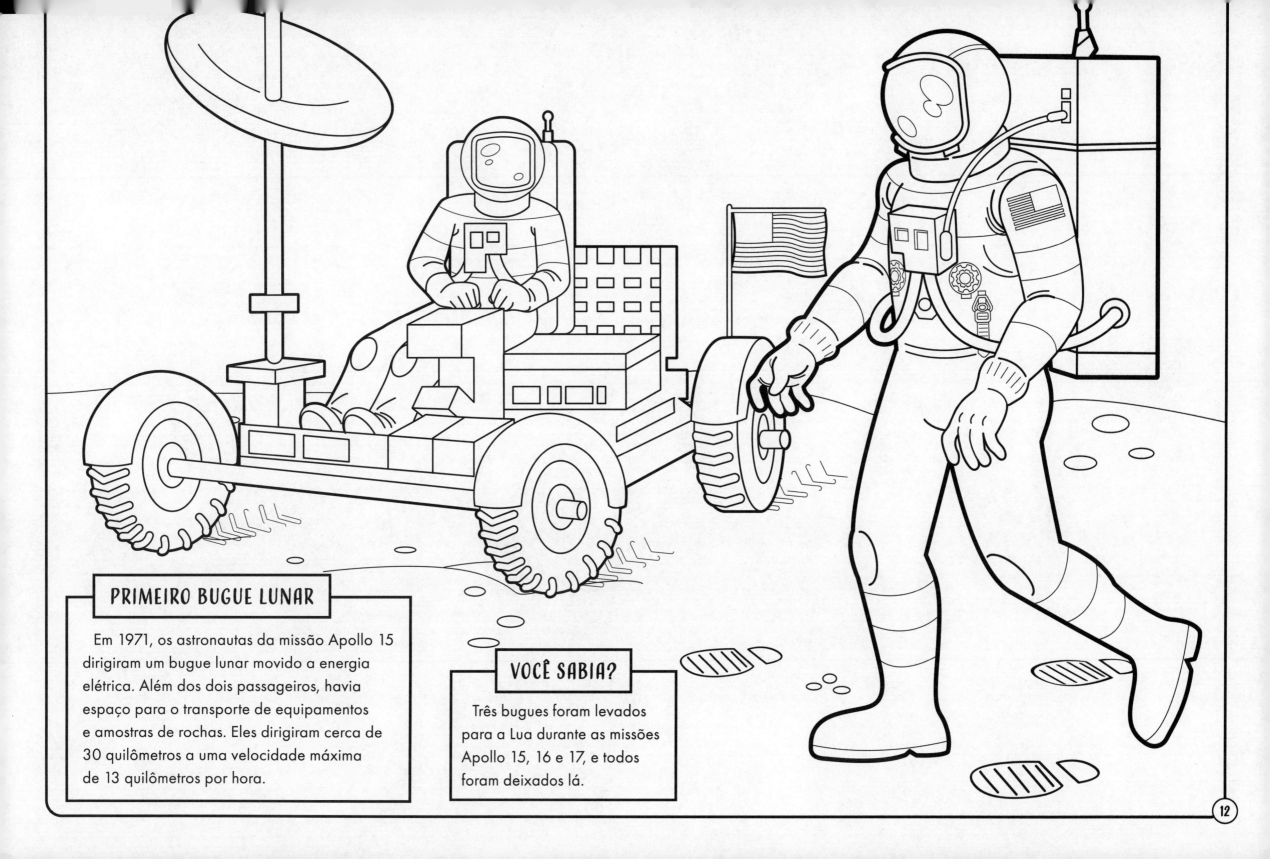

PRIMEIRO BUGUE LUNAR

Em 1971, os astronautas da missão Apollo 15 dirigiram um bugue lunar movido a energia elétrica. Além dos dois passageiros, havia espaço para o transporte de equipamentos e amostras de rochas. Eles dirigiram cerca de 30 quilômetros a uma velocidade máxima de 13 quilômetros por hora.

VOCÊ SABIA?

Três bugues foram levados para a Lua durante as missões Apollo 15, 16 e 17, e todos foram deixados lá.

A IMENSIDÃO DE JÚPITER

Júpiter é um planeta imenso, tão grande que, se crescesse um pouco mais, teria se tornado uma estrela. As diferentes camadas que vemos em sua atmosfera são tempestades que acontecem por lá há milhares de anos. A grande mancha circular é um furacão do tamanho da Terra, com ventos que chegam a 400 quilômetros por hora.

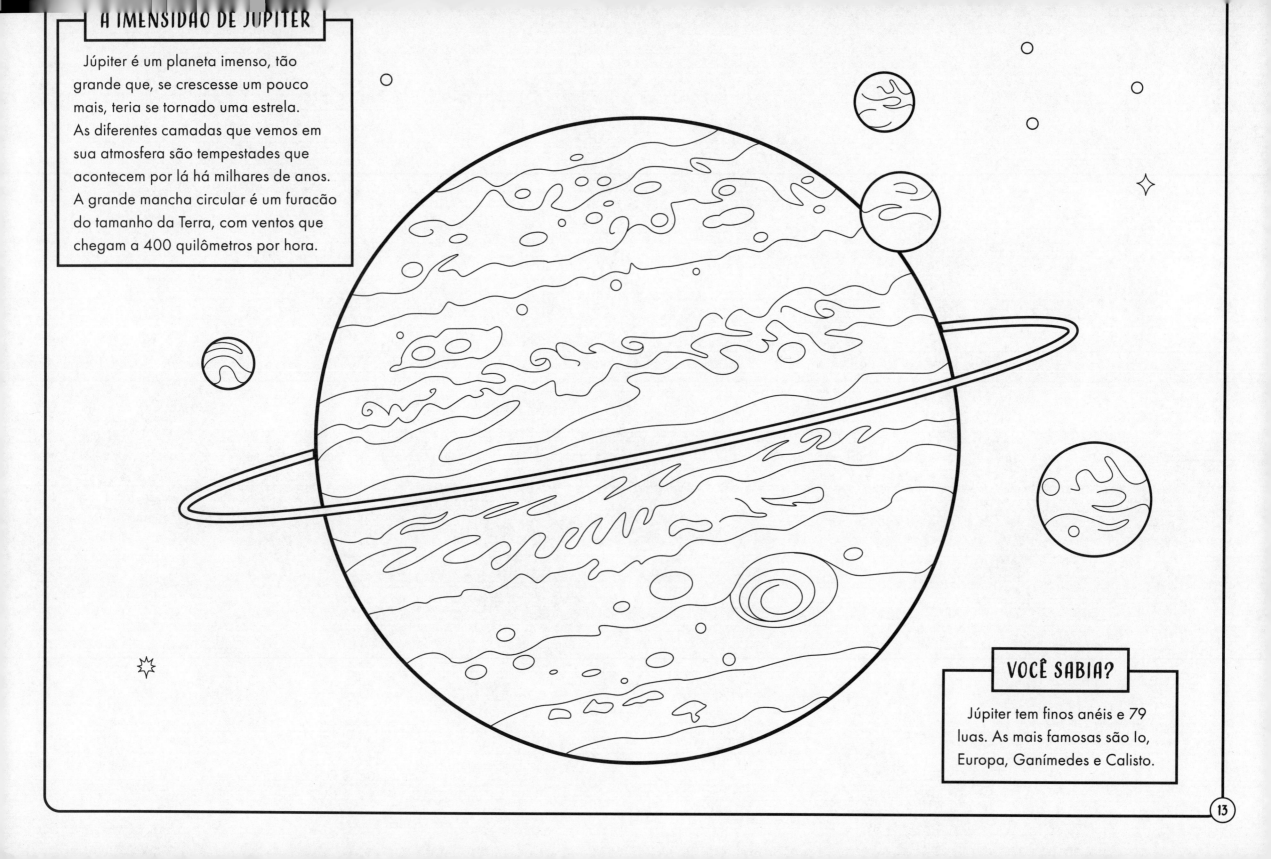

VOCÊ SABIA?

Júpiter tem finos anéis e 79 luas. As mais famosas são Io, Europa, Ganímedes e Calisto.

13

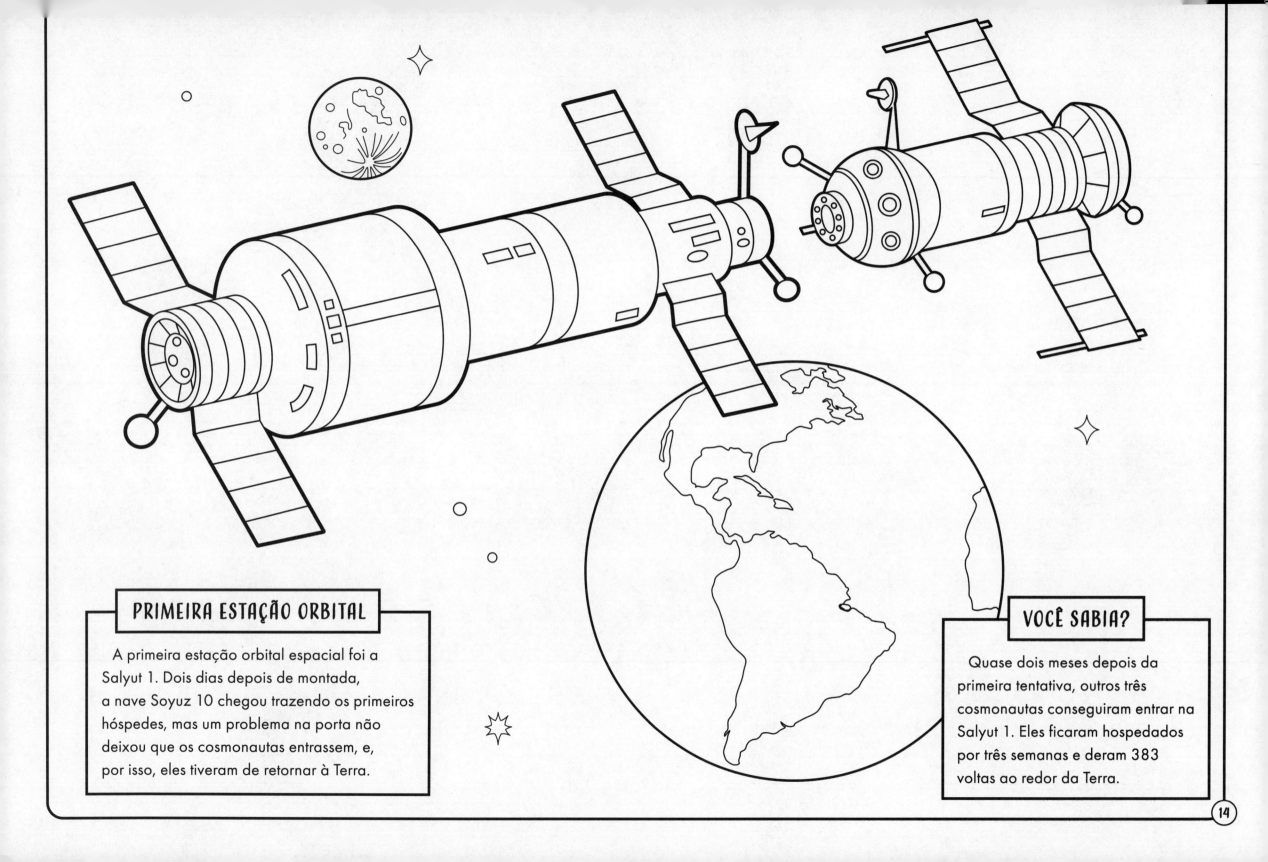

PRIMEIRA ESTAÇÃO ORBITAL

A primeira estação orbital espacial foi a Salyut 1. Dois dias depois de montada, a nave Soyuz 10 chegou trazendo os primeiros hóspedes, mas um problema na porta não deixou que os cosmonautas entrassem, e, por isso, eles tiveram de retornar à Terra.

VOCÊ SABIA?

Quase dois meses depois da primeira tentativa, outros três cosmonautas conseguiram entrar na Salyut 1. Eles ficaram hospedados por três semanas e deram 383 voltas ao redor da Terra.

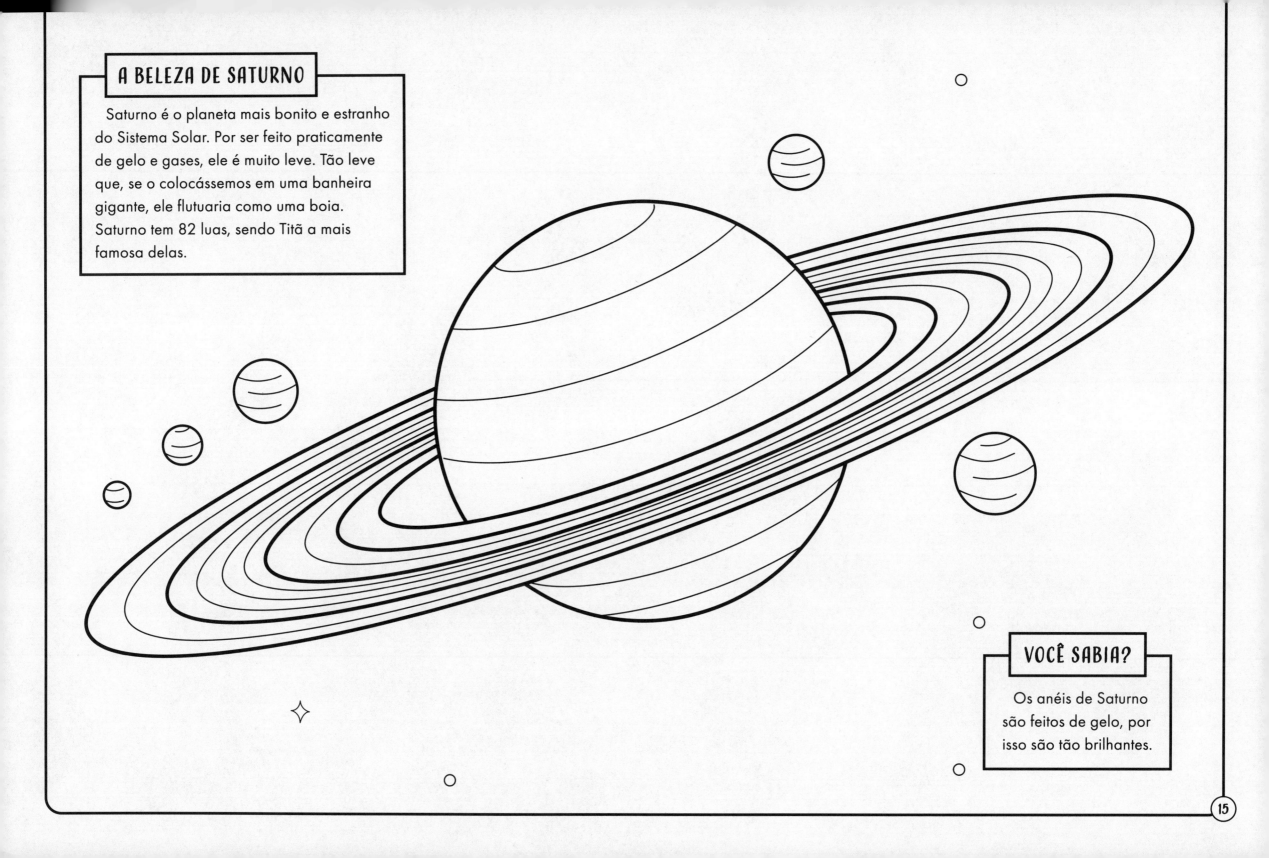

A BELEZA DE SATURNO

Saturno é o planeta mais bonito e estranho do Sistema Solar. Por ser feito praticamente de gelo e gases, ele é muito leve. Tão leve que, se o colocássemos em uma banheira gigante, ele flutuaria como uma boia. Saturno tem 82 luas, sendo Titã a mais famosa delas.

VOCÊ SABIA?

Os anéis de Saturno são feitos de gelo, por isso são tão brilhantes.

15

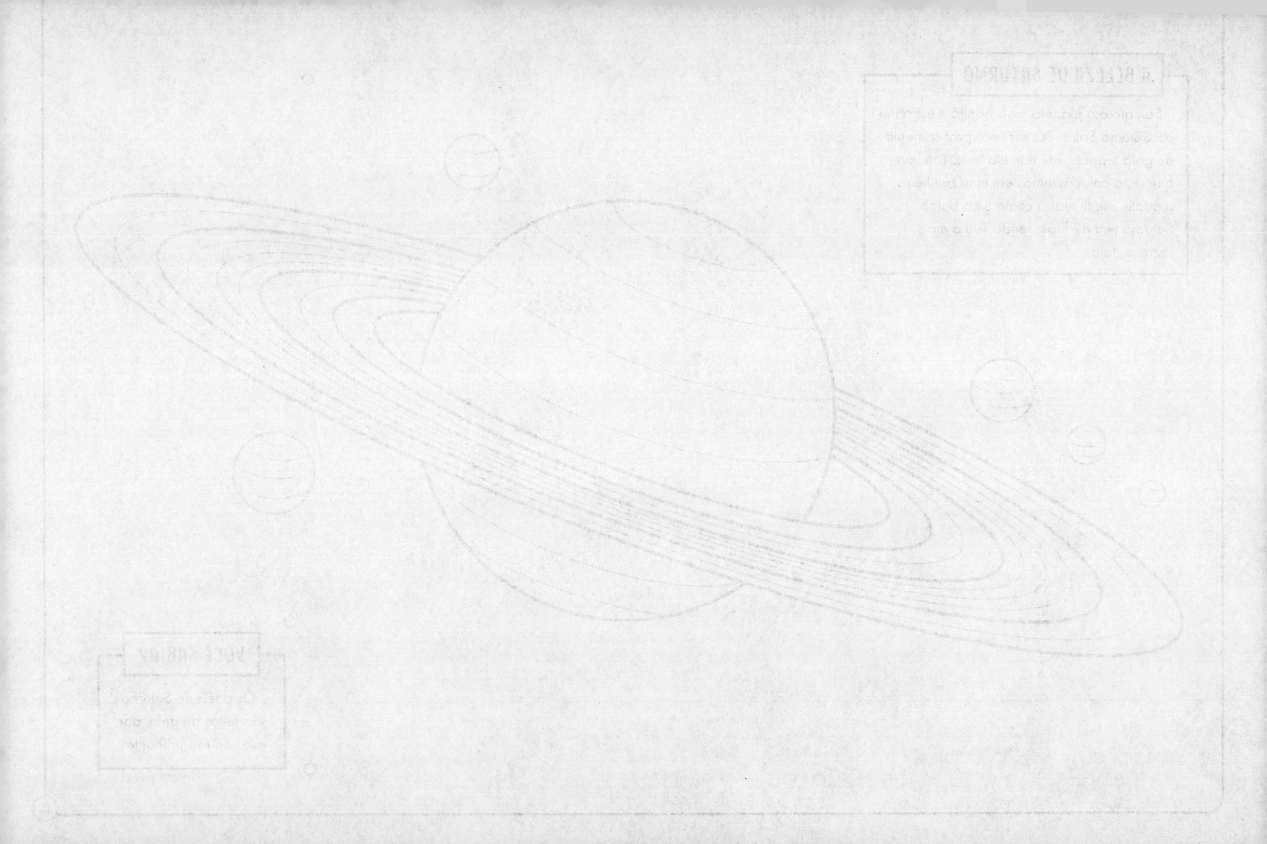

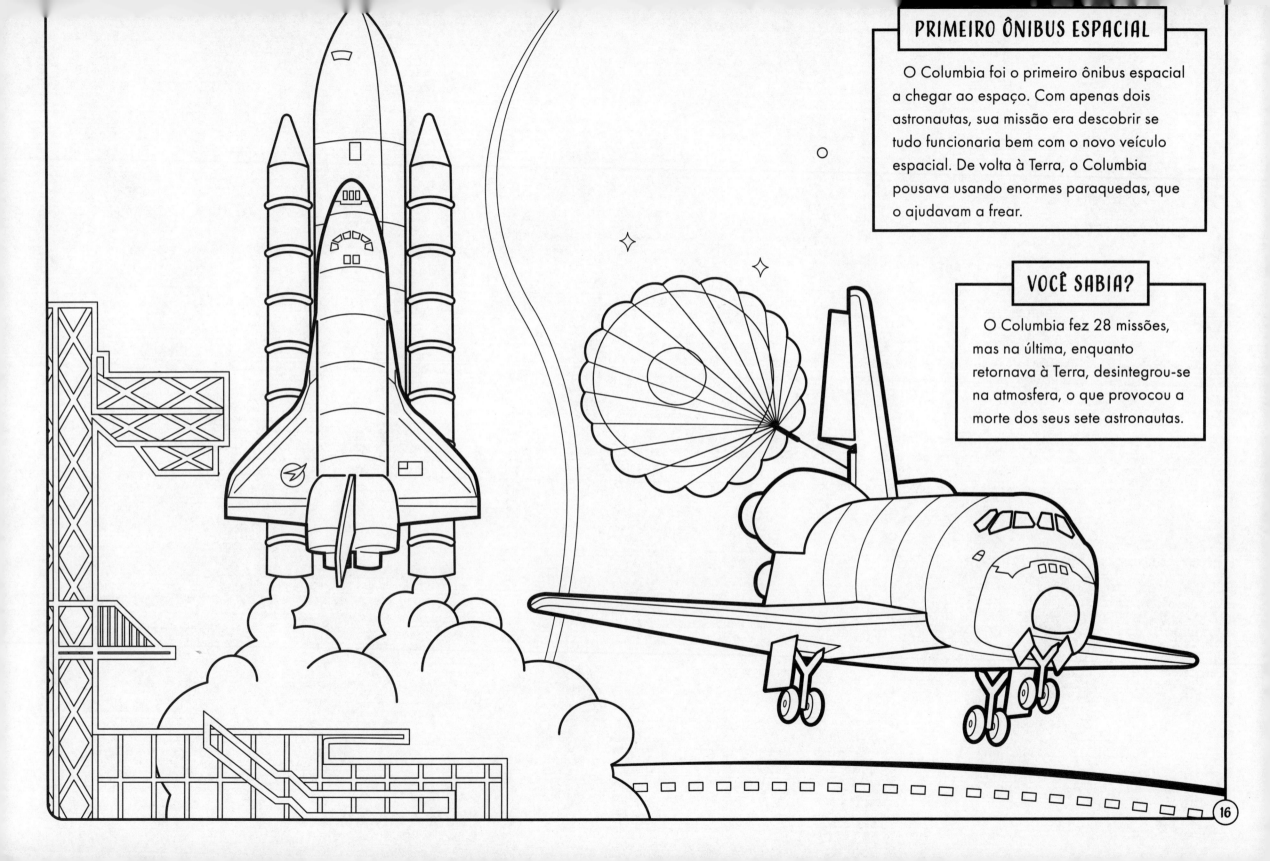

PRIMEIRO ÔNIBUS ESPACIAL

O Columbia foi o primeiro ônibus espacial a chegar ao espaço. Com apenas dois astronautas, sua missão era descobrir se tudo funcionaria bem com o novo veículo espacial. De volta à Terra, o Columbia pousava usando enormes paraquedas, que o ajudavam a frear.

VOCÊ SABIA?

O Columbia fez 28 missões, mas na última, enquanto retornava à Terra, desintegrou-se na atmosfera, o que provocou a morte dos seus sete astronautas.

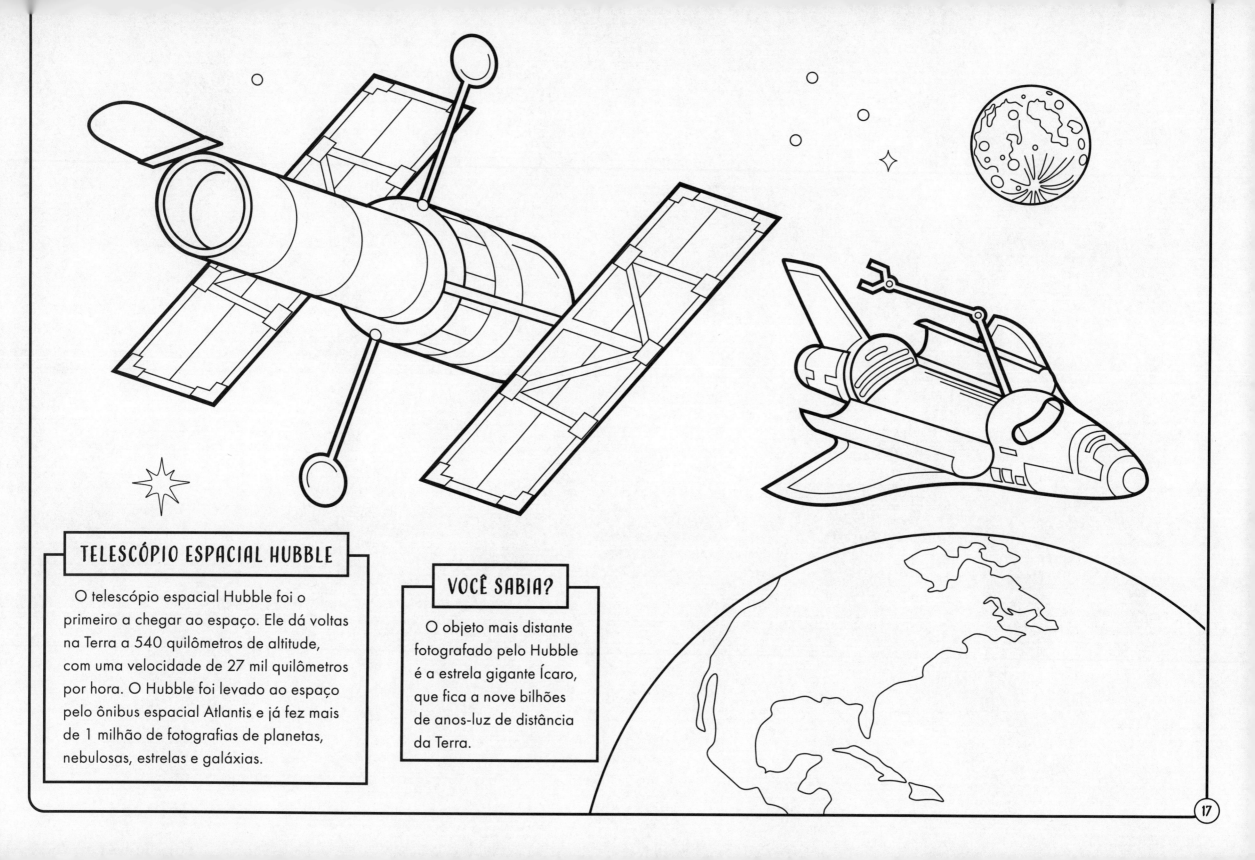

TELESCÓPIO ESPACIAL HUBBLE

O telescópio espacial Hubble foi o primeiro a chegar ao espaço. Ele dá voltas na Terra a 540 quilômetros de altitude, com uma velocidade de 27 mil quilômetros por hora. O Hubble foi levado ao espaço pelo ônibus espacial Atlantis e já fez mais de 1 milhão de fotografias de planetas, nebulosas, estrelas e galáxias.

VOCÊ SABIA?

O objeto mais distante fotografado pelo Hubble é a estrela gigante Ícaro, que fica a nove bilhões de anos-luz de distância da Terra.

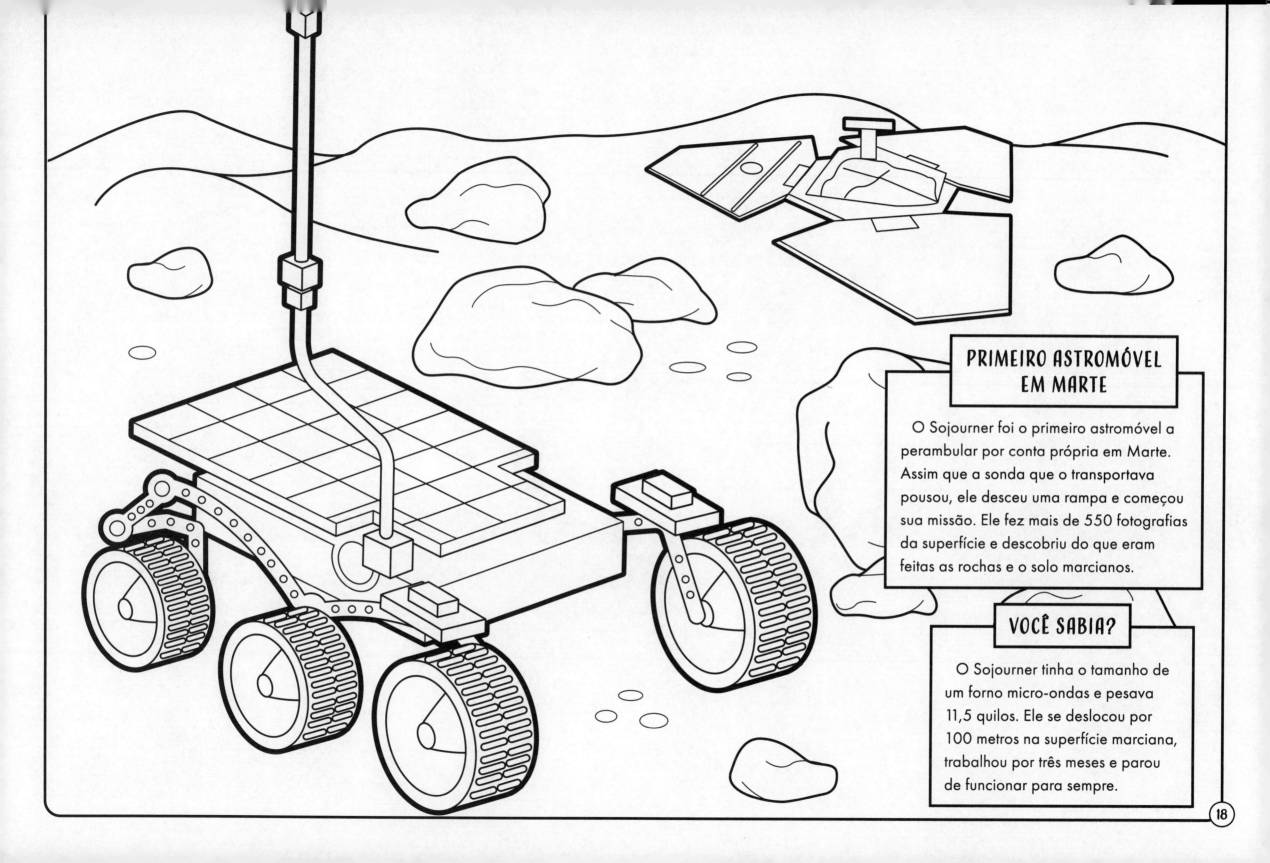

PRIMEIRO ASTROMÓVEL EM MARTE

O Sojourner foi o primeiro astromóvel a perambular por conta própria em Marte. Assim que a sonda que o transportava pousou, ele desceu uma rampa e começou sua missão. Ele fez mais de 550 fotografias da superfície e descobriu do que eram feitas as rochas e o solo marcianos.

VOCÊ SABIA?

O Sojourner tinha o tamanho de um forno micro-ondas e pesava 11,5 quilos. Ele se deslocou por 100 metros na superfície marciana, trabalhou por três meses e parou de funcionar para sempre.

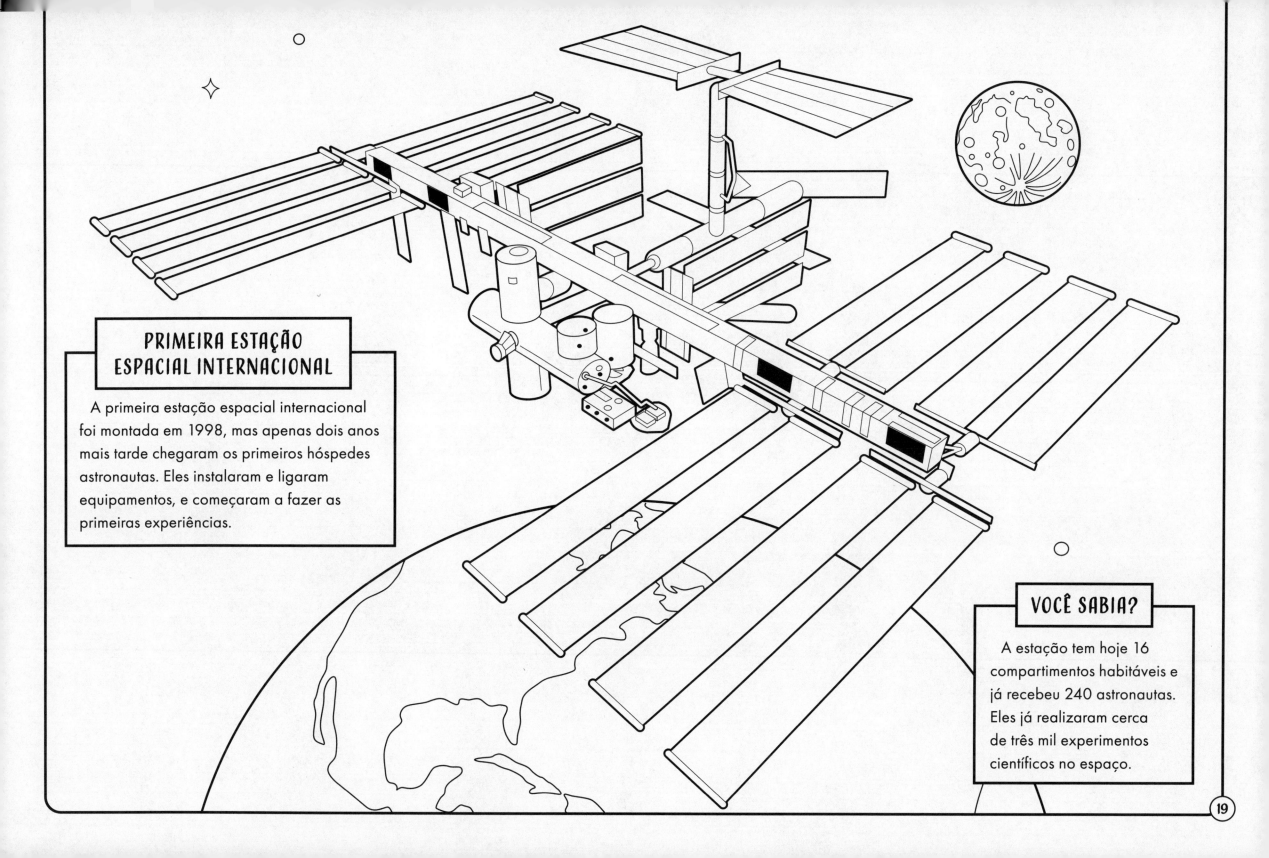

PRIMEIRA ESTAÇÃO ESPACIAL INTERNACIONAL

A primeira estação espacial internacional foi montada em 1998, mas apenas dois anos mais tarde chegaram os primeiros hóspedes astronautas. Eles instalaram e ligaram equipamentos, e começaram a fazer as primeiras experiências.

VOCÊ SABIA?

A estação tem hoje 16 compartimentos habitáveis e já recebeu 240 astronautas. Eles já realizaram cerca de três mil experimentos científicos no espaço.

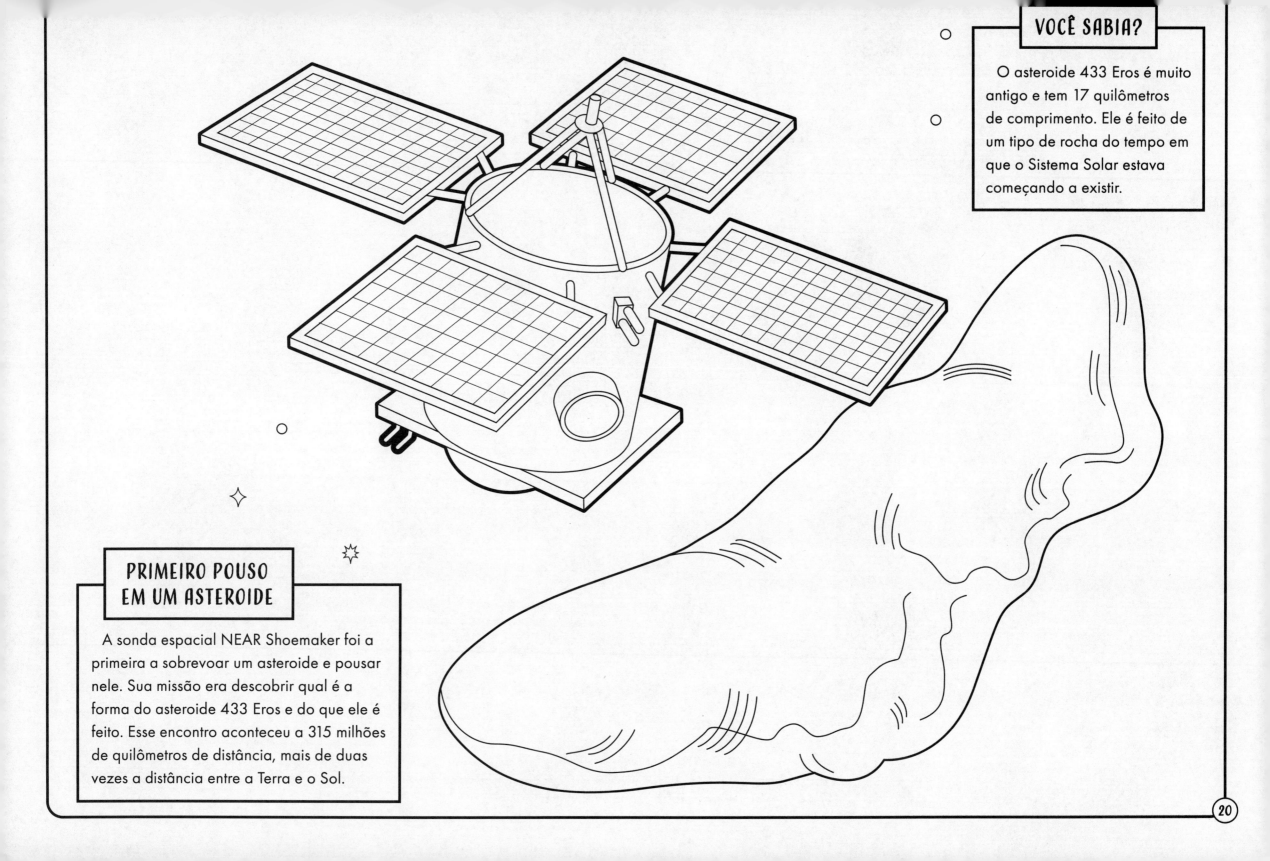

VOCÊ SABIA?

O asteroide 433 Eros é muito antigo e tem 17 quilômetros de comprimento. Ele é feito de um tipo de rocha do tempo em que o Sistema Solar estava começando a existir.

PRIMEIRO POUSO EM UM ASTEROIDE

A sonda espacial NEAR Shoemaker foi a primeira a sobrevoar um asteroide e pousar nele. Sua missão era descobrir qual é a forma do asteroide 433 Eros e do que ele é feito. Esse encontro aconteceu a 315 milhões de quilômetros de distância, mais de duas vezes a distância entre a Terra e o Sol.

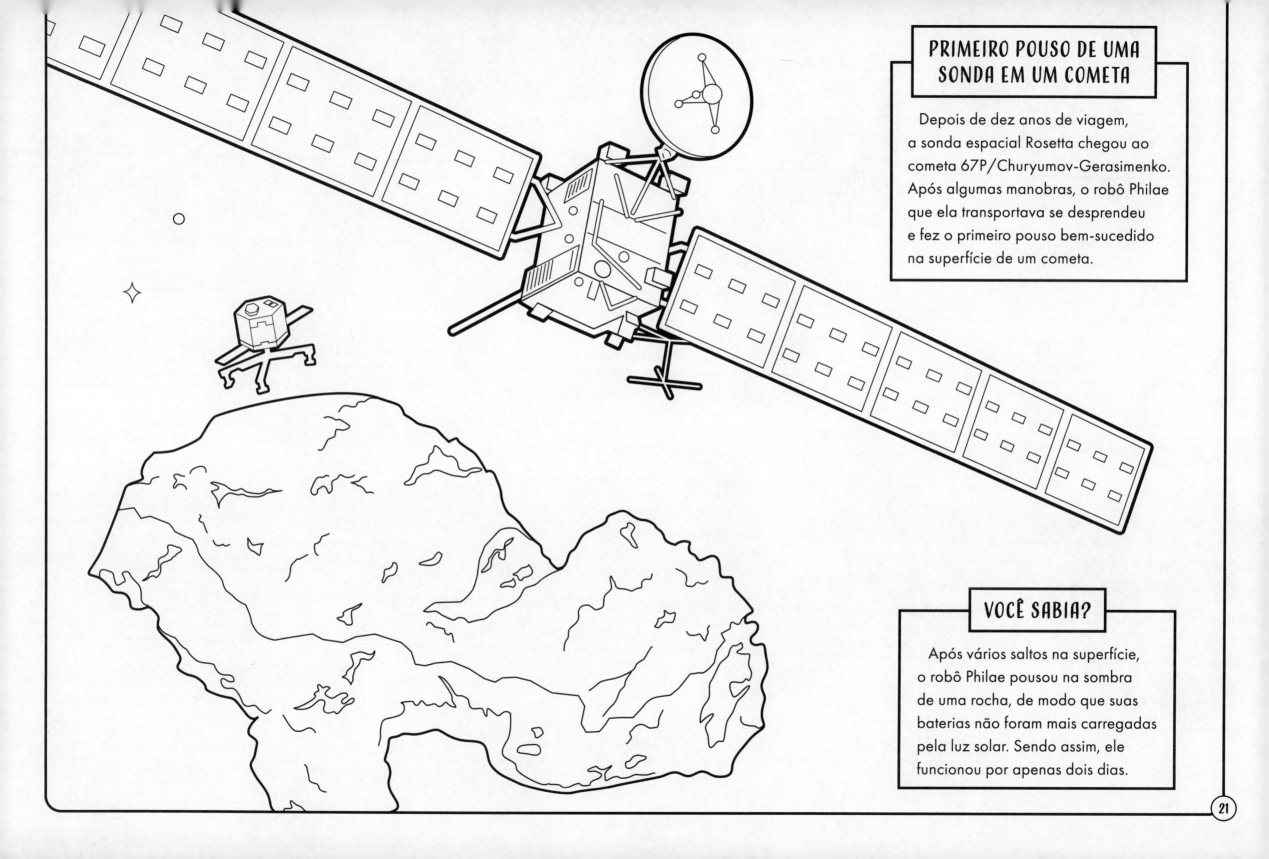

PRIMEIRO POUSO DE UMA SONDA EM UM COMETA

Depois de dez anos de viagem, a sonda espacial Rosetta chegou ao cometa 67P/Churyumov-Gerasimenko. Após algumas manobras, o robô Philae que ela transportava se desprendeu e fez o primeiro pouso bem-sucedido na superfície de um cometa.

VOCÊ SABIA?

Após vários saltos na superfície, o robô Philae pousou na sombra de uma rocha, de modo que suas baterias não foram mais carregadas pela luz solar. Sendo assim, ele funcionou por apenas dois dias.

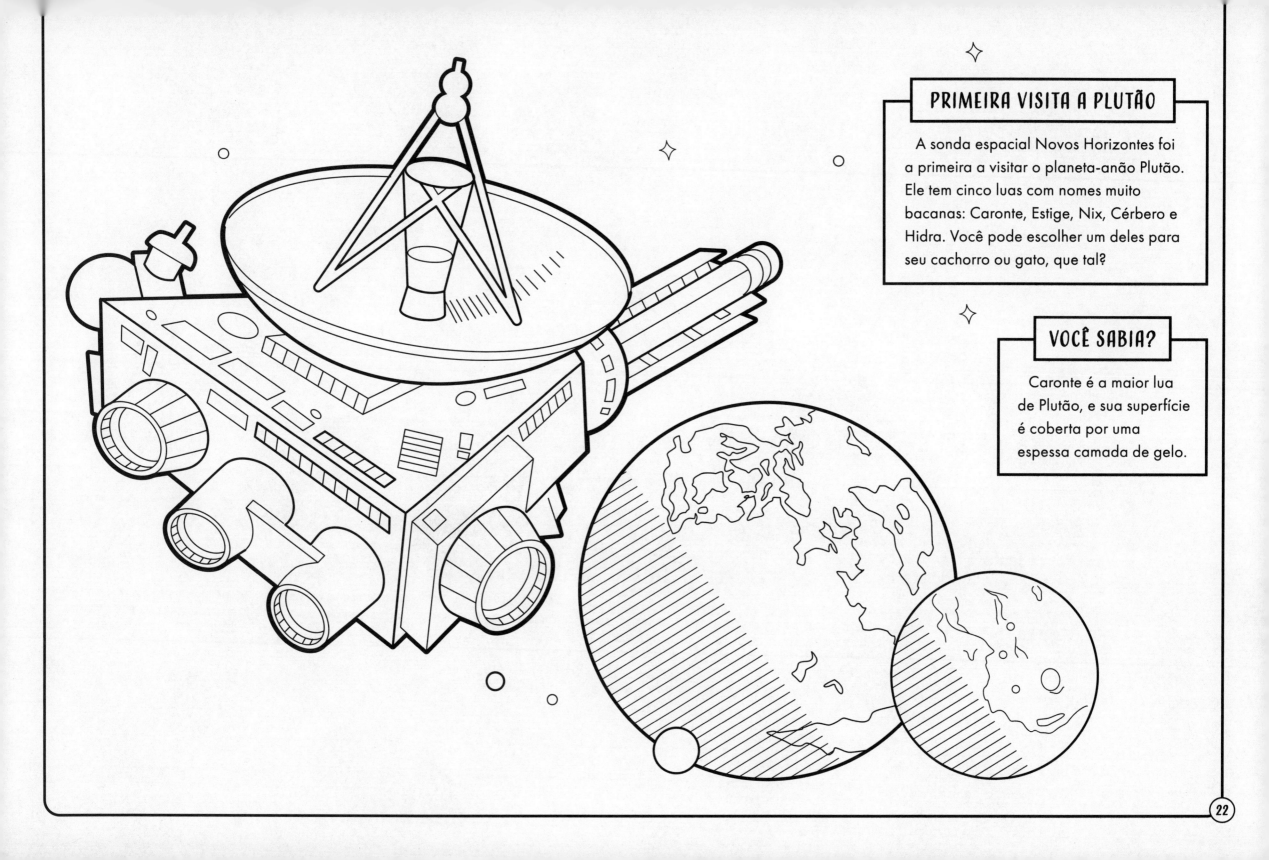

PRIMEIRA VISITA A PLUTÃO

A sonda espacial Novos Horizontes foi a primeira a visitar o planeta-anão Plutão. Ele tem cinco luas com nomes muito bacanas: Caronte, Estige, Nix, Cérbero e Hidra. Você pode escolher um deles para seu cachorro ou gato, que tal?

VOCÊ SABIA?

Caronte é a maior lua de Plutão, e sua superfície é coberta por uma espessa camada de gelo.

PRIMEIRO POUSO NO LADO NÃO VISÍVEL DA LUA

A sonda espacial Chang'e 4 fez o primeiro pouso no lado não visível da Lua. Nela estava o astromóvel Yutu-2, que desceu uma rampa e começou a explorar a superfície lunar. Suas mensagens eram enviadas ao satélite Queqiao, no céu lunar, e, dele, enviadas para a Terra.

VOCÊ SABIA?

A Chang'e 4 pousou no polo sul lunar, no interior de uma cratera de 180 quilômetros de diâmetro.

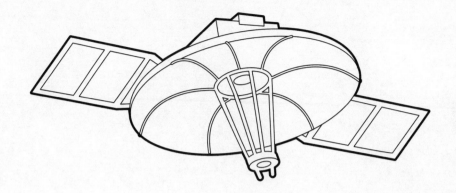

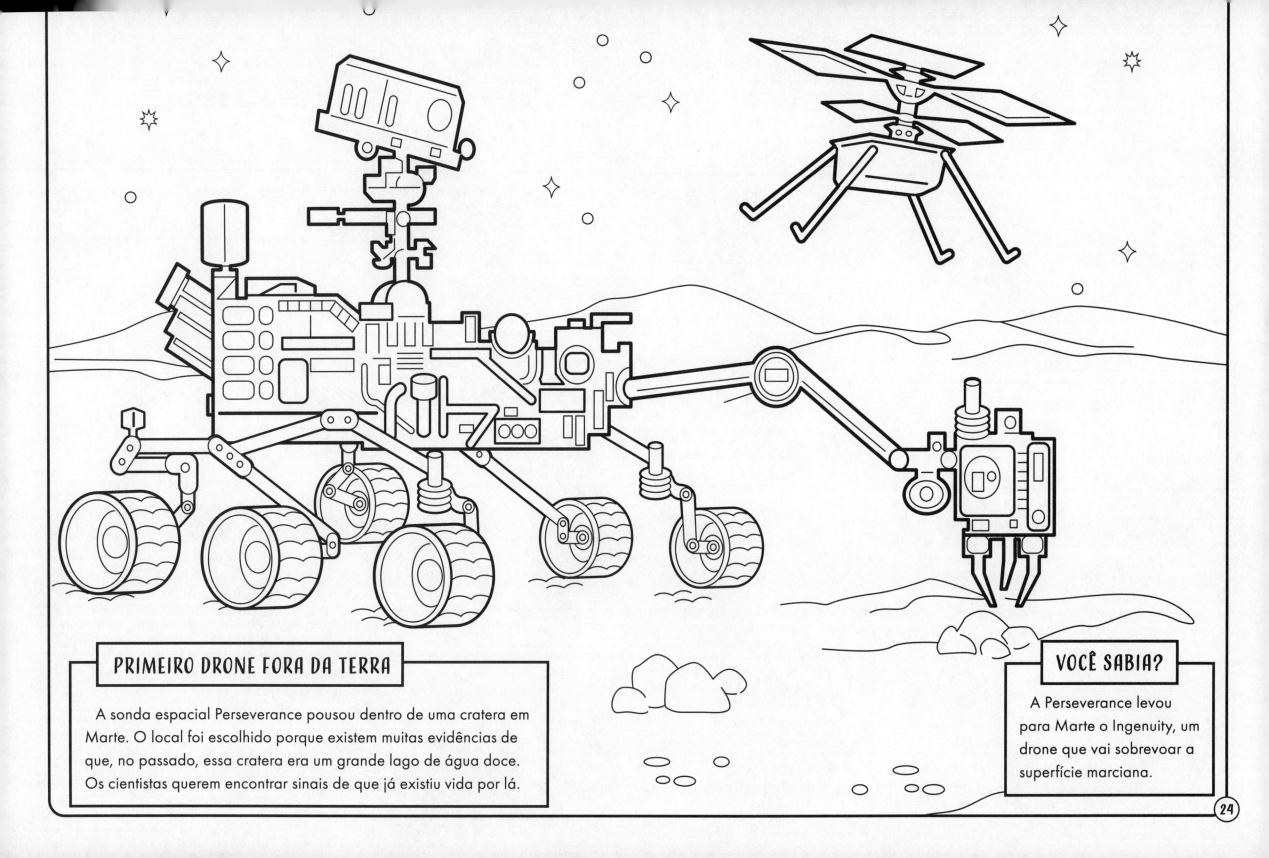

PRIMEIRO DRONE FORA DA TERRA

A sonda espacial Perseverance pousou dentro de uma cratera em Marte. O local foi escolhido porque existem muitas evidências de que, no passado, essa cratera era um grande lago de água doce. Os cientistas querem encontrar sinais de que já existiu vida por lá.

VOCÊ SABIA?

A Perseverance levou para Marte o Ingenuity, um drone que vai sobrevoar a superfície marciana.

24